DIEU

PROTÈGE

LA FRANCE

PAR MADEMOISELLE

ELISA CHEVALIER.

NEVERS,

P. BÉGAT, LIBRAIRE-ÉDITEUR, RUE DU FER, 16;

LAURENT, place Saint-Sébastien, & MOREL, rue du Commerce.

1850.

Prix : 75 centimes.

DIEU

PROTÈGE LA FRANCE.

1850

NEVERS, P. BÉGAT, IMPRIMEUR, RUE DU FER, 16.

DIEU PROTÈGE LA FRANCE.

—⸗⸗—

> La politique est l'art de rendre les hommes heureux. *(Un philosophe.)*

Je ne suis qu'une femme obscure, inconnue, mais je suis cependant une des voix de la multitude, et dans mon ame profondément française vibrent puissamment les mots de patrie et de liberté !

Placée par mon sexe en dehors de toute ambition personnelle, j'ai cru que des observations ainsi dégagées d'une arrière-pensée d'égoïsme ne seraient pas tout-à-fait inutiles à ceux qui veulent sincèrement le bien du pays.

Comme on le verra en lisant, nous avons écrit plutôt des *essais* qu'une profession de foi politique absolue et si souvent implacable envers ses adversaires. S'il ne nous a pas été permis de résoudre la question posée à la France depuis deux ans et qu'elle ne sait comment trancher, au moins avons-nous tenté, par un travail consciencieux, de toucher, dans nos faibles moyens, à cette grave donnée : être monarchie ou république, selon le vœu de la France librement consultée.

Et disons d'abord, pour indiquer nous-même le caractère réel de ces pages, nous acceptons largement et complètement toutes les libertés de la tribune et de la presse, elles résument toutes les libertés : elles protégent celles qui sont acquises, elles préparent celles qui ne sont pas développées encore.

Aussi nous prenons en pitié les trembleurs et les ennemis de notre époque de rénovation sociale. Nous croyons à une nouvelle ère de la France, aussi grande, aussi féconde que l'ère monarchique que 89 est venu clore, quoiqu'il sembla d'abord la consacrer solennellement par les vœux de cinq millions d'hommes, librement, individuellement et régulièrement exprimés dans les *cahiers des bailliages,* dont le dépouillement fut fait par des députés obligés, *sous serment,* de faire valoir les volontés de leurs commettants.

Nous plaignons ceux qui, par leurs sarcasmes ou leurs frayeurs, tentent d'enrayer l'œuvre nationale, car nous avons une foi profonde dans le suffrage universel, cette conquête de la véritable liberté politique que la France poursuivait depuis soixante ans sans pouvoir la rendre définitive et inattaquable.

Le suffrage universel est la base de la nouvelle ère que le pays s'est ouverte, — il en sera la force, — la sécurité; — des institutions créées, consenties, sanctionnées par l'opinion publique, directement consultée, ont une vigueur et une garantie d'existence que nulle autre institution n'aura jamais.

Loin donc de désespérer de notre époque, nous avons confiance en elle; au lieu de la renier, nous l'acceptons. Nous croyons, par le suffrage universel, la France, sortie de cette série révolutionnaire qu'ouvrit 91, entrée enfin dans une voie praticable et sûre, ayant repris sa tâche morale, étayant de l'intelligence et du cœur le *progrès,* cette amélioration graduelle de l'humanité; libre de cesser ce rôle honteux qu'elle remplit depuis tant d'années vis-à-vis des autres puissances, tempérante jusqu'à la honte (*), rachetant pour quelques millions son droit d'existence et de nationalité; sortie de ces milieux chancelants et dangereux entre le mépris à l'extérieur et le mépris à l'intérieur, redevenue la France glorieuse, loyale et indépendante du passé, et puissante de toute la force de ses droits, de sa liberté et de son union intérieure, pouvant lutter contre ses envieux ou ses ennemis.

(*) Il est inutile de dire que nous n'impliquons pas ici les gloires incontestables de la première république ou de l'empire.

COUP-D'OEIL RÉTROSPECTIF.

—⁂—

La monarchie française est regardée comme la monarchie la plus ancienne de l'Europe, car elle s'est perpétuée quatorze siècles sans interruption, depuis la chute de l'empire d'Occident jusqu'à nos jours.

C'est la France monarchique que nous allons suivre dans ses phases successives de travail social pour arriver à l'état actuel des choses.

Nous regardons ces quatorze siècles comme une élaboration lente, graduée, mais continue, de notre époque d'entier affranchissement. Chacun de ces siècles a apporté sa part d'action, chaque homme politique a rempli une tâche tracée à l'avance par Dieu, d'où dérive l'immuable mais perfectible loi du progrès et de la civilisation.

On peut diviser ces temps en deux époques; l'une, toute conquérante, toute guerrière, toute de faits matériels, c'est-à-dire de luttes armées d'établissement ou de défense, toute d'indépendance et de sécurité physiques; proclamant pour droit suprême la force du bras, l'adresse dans le maniement des armes, l'audace dans le combat; donnant à ses rois un bouclier pour trône; promulguant ses codes dans des Champs de Mars ou de Mai, réunions purement soldatesques, haltes entre la bataille de la veille et celle du lendemain; rachetant l'homicide pour quelques sous d'or.

La seconde, toute de luttes politiques, ambitieuses ou religieuses, datant de Fontenoi, d'où sortit la France actuelle du démembrement de l'empire de Charlemagne; non plus guerrière par esprit de conquête exclusivement, non plus guerrière pour défendre le territoire enlevé, car le temps a sanctionné l'occupation, les Gaulois se sont pliés au joug, les Romains ont disparu du monde, mais athlète infatigable, toujours dans l'arène pour l'affranchissement les uns des autres : des rois aux grands, des grands aux rois, enfin du peuple aux rois et aux grands.

Le signe caractéristique de la naissance de cette seconde phase nationale est celui de l'institution des Placites, assemblées administratives par lesquelles Charlemagne remplaça les Champs de Mars ou de Mai, ces assemblées purement militaires, cette expressive figure de la première époque. Dans les Placites entrèrent les ecclésiastiques et les laïques; elles nommèrent à l'élection deux représentants pour l'inspection de chaque contrée, et après le mouvement communal des onzième, douzième et treizième siècles, des Placites sortirent les États généraux, dont la dernière séance fut celle du 5 mai 1789! Deux mois après, Sieyès proposait la fusion des trois ordres en une assemblée nationale de France. Ce décret fut accueilli, on remarqua surtout l'empressement des évêques. La révolution était toute là.

L'homicide ne se paie plus avec de l'or : le sang veut le sang; s'il y a inégalité encore devant la loi, on reconnaît l'égalité devant la nature : c'est un pas immense. Le comte de Horn paie de sa vie le meurtre d'un usurier.

Chacune de ces époques a apporté, disons-nous, sa part d'action dans cette conception préparatoire et progressive de notre France actuelle. D'abord, le travail victorieux d'établissement de ces peuplades inconnues, aventureuses, descendant du Nord sans autre but qu'un pays à conquérir, soumettant les Gaulois, bravant les Romains possesseurs, se ralliant entre elles pour la commune protection et défense ; créant, par cette union solidaire, la féodalité, cette puissance disséminée, mais indestructible, qui posera un château-fort de colline en colline ; la féodalité, ce principe de puissance dans la lutte d'établissement, devenant l'athlète indomptable des guerres civiles, que les rois ne pourront vaincre qu'en cherchant un point d'appui dans le peuple, et qu'il faudra rejeter hors du royaume par les croisades ; la féodalité qui, par sa naissance, consolidait le trône, par son existence, l'ébranlait, et dont l'extinction le raffermit : selon cette inexorable loi de la modification des institutions, selon les temps, les idées et les mœurs.

Chaque roi alors commença à affranchir, à élever le peuple, tantôt par les communes, tantôt par les tribunaux royaux ; mais Louis XI fut le premier ouvrier de l'œuvre égalitaire ; le premier, il la retira des épaisses ténèbres où l'ignorance la tenait encore, car il établit les Manufactures et protégea l'Imprimerie, c'est-à-dire le Travail et la Pensée. Il donna à la France sa gloire future encore en germe. L'ascension des classes inférieures se fait peu à peu.

Par le développement accordé au commerce et à la marine qui va suivre, la fortune devient accessible à tous : l'épée perdra son prestige devant l'intelligence ; l'une est la force physique, l'autre est la puissance morale. L'une est ignorante, brutale, superstitieuse ; l'autre, savante, tolérante et libre. Il fallait émouvoir des guerriers, il faudra convaincre de froids penseurs.

Richelieu viendra alors, qui s'attaquera, mu par la pensée civilisatrice et juste qui préside aux destinées des Français, à l'ignorance, aux restes de la féodalité ; il protège les parlements, cette puissance découvrant à la nation qu'elle n'est pas esclave, mais libre ; il donne à l'intelligence l'émulation de la gloire, en instituant l'académie des *Quarante*, à laquelle Colbert créera pour émules celles des Inscriptions et des Sciences.

L'œuvre nationale s'opère peu à peu. Déjà ont disparu de la scène politique ces rudes figures chevaleresques des guerriers bardés de fer. Ce ne sont plus ces grands seigneurs jaloux, mais intrépides, téméraires et braves, tous ont disparu successivement, le pouvoir devient unitaire et tombe en entier dans les mains royales.

A la monarchie féodale succède la monarchie des états-généraux, s'arrêtant elle-même à la monarchie absolue de Louis XIV, pour se relever ensuite plus puissante, plus exigeante, plus souveraine en 89, et créer la constitution de 91, c'est-à-dire la liberté par le suffrage universel pour l'élection des députés.

Après Richelieu, le laborieux Colbert, cette personnification du tiers-état aux affaires. Les codes répressifs pour les exactions des nobles protégent les faibles ; les préjugés du sang disparaissent devant la grandeur des mérites personnels; l'illustration n'est plus un hasard aveugle de la naissance, c'est la conquête de l'intelligence.

L'égalité possible pour la fortune a été ouverte par le commerce, l'égalité devient possible par le talent; l'ignorance et la superstition se dissipent peu à peu, l'affranchissement moral succède à l'affranchissement physique; les lettres, les sciences et les arts donnent la gloire, le génie est une couronne, la magistrature une illustration. Louis XIV, ce type du génie naturel, donne la main à Molière, ce type unique du génie de la nature, cette inimitable perfection du talent.

La pensée a succédé au bras. Il fallait celui-ci pour préparer la place, pour niveler le terrain à celle-là. Tous ces géants de la puissance progressive ont fait triompher l'intelligence, par la pensée, la loi écrite, la parole; et, toujours obéissants aveugles à la loi divine qui les guide, ils furent impitoyables à leur présent, généreux et prodigues de lumières et de libertés envers l'avenir.

Chefs, guerriers, hommes d'état, philosophes, rois chevaliers, rois intelligents, rois artistes, penseurs et poètes, tous ont aidé à l'œuvre nationale, selon leur temps, leur force et leur intelligence ; les uns à établir un territoire, les autres à le défendre; ceux-ci à rendre la nation redoutable, illustre, loyale, au dehors ; ceux-là, à la fortifier au-dedans, en amoindrissant les causes de division ; les autres en l'éclairant. Tous sont solidaires entr'eux ; chacun a posé sa pierre pour l'édification de l'œuvre actuelle, chacun a travaillé pour tous.

En tout, quatorze siècles d'une élaboration lente, mais profonde, de l'affranchissement intellectuel et physique de la nation, au jour marqué dans les décrets de Dieu, qui donne à chaque siècle une pensée féconde à développer aux siècles qui suivront. Quatorze siècles de conquêtes du sabre ou de la pensée; quatorze siècles d'honneur radieux et pur, et qu'il faut regarder non avec regret, mais avec espoir ; il faut y puiser une grande confiance en l'époque actuelle de la France, cette consolante pensée, qu'après avoir brillé tant de siècles au premier rang entre les nations du globe, après avoir, par le courage, l'honneur et l'intelligence, préparé l'œuvre sociale de liberté et d'égalité, la France ne peut, abdiquant tout d'un coup ce *passé* glorieux, répudiant cette immense prépondérance qu'il lui a léguée, étouffant ce travail sublime d'humanité qu'il a élaboré et qu'il lui confie, la France ne peut, tombant dans la folie ou dans le crime, se suicider elle-même, quand elle a conquis toutes ses libertés, tous ses moyens d'action.

La royauté, cette forme primitive du gouvernement de la France, s'est engloutie dans une convulsion suprême de la nation; il est cependant une patriotique croyance qu'il faut conserver au milieu de ces tourmentes qui peuvent effrayer non désespérer, c'est la foi en l'honneur national, c'est la foi en la civilisation et l'humanité, ces œuvres de Dieu, éternelles et sublimes comme lui !

FÉVRIER.

Tout pour le peuple et par le peuple.

Toutes les opinions politiques sont respectables, quand elles ont pour mobiles : l'honneur national, la prospérité du pays, le bonheur de la nation et la sécurité publique. Nous sommes loin de croire, avec un grand génie de notre époque, que la foi politique des hommes doive se calculer d'après la moyenne de leur fortune. Cela peut être pour plusieurs, cela n'est pas pour tous. Nous opposons à ce dédain, à cette triste pensée sur l'humanité, tous les désintéressements, tous les héroïsmes, tous les dévouements, dont l'histoire nous transmet les mille souvenirs, comme un patriotique enseignement. Chaque genre d'institution a eu ses défenseurs, seules les libertés ont fait les martyrs ! On peut suspecter les intentions des uns, on ne saurait mettre en doute l'abnégation des autres : le martyre ne prouve pas l'égoïsme.

Sous cette impression, sceptique et fausse, de quel regard envisager ces faits sublimes dont rayonne le passé des grands peuples éteints? de quel sympathique mouvement du cœur accueillir ces noms glorieux, traversant les siècles, survivant aux empires sans tomber dans l'oubli, trouvant toujours de l'écho dans les cœurs généreux qui les prennent pour modèles ou les offrent pour exemples?

Il faut avoir une meilleure idée du cœur humain; à part des exceptions qui sont des monstruosités, il le mérite.

La politique est l'humanité protégée par des lois et des institutions. Or, tenter de protéger, d'éclairer l'humanité, ou de la défendre, c'est, ce nous semble, une tâche assez belle pour un grand cœur. Ce fut l'œuvre du Christ, ce divin caractère du dévouement aux idées sociales, dont la mission fut aussi politique que céleste, aussi matérielle qu'intellectuelle, expiant sur une croix, non pas ce titre de roi des Juifs, dont Pilate, Hérode II, ni les Romains ne s'effrayaient, mais certainement, et personne n'en doute, d'avoir, contre les lois d'alors, contre toutes les institutions reçues, proclamé l'égalité des hommes entr'eux, la société sans esclave ou du moins sans le principe de l'esclavage.

La grandeur d'une cause politique, le sublime même d'une erreur politique, ont prouvé, de nos jours, qu'il est encore des hommes convaincus et dévoués, sachant sacrifier leur liberté, leur existence, à leur opinion et à leur droit. Il en est de la foi humaine comme de la foi divine : l'apostasie est rare et le martyre fréquent. Nous le proclamons donc hautement, certaine de trouver notre pensée acceptée de tous les nobles cœurs : il est possible, il est réel de conserver des croyances politiques, dégagées de toute pensée personnelle, de professer et soutenir au besoin des convictions profondes, inaltérables et indépendantes de toute personnalité. Le patriotisme n'appartient pas seulement au passé, il est de notre temps; nous saurons le léguer pur et glorieux aux générations qui nous succèderont! On ne nous accusera pas, nous, simple mortelle, d'aspirer à un mandat de représentant? Qu'on nous permette donc de développer notre appréciation du moment actuel.

La république, proclamée en Février, a surpris tout le

monde; à quelque nuance que l'on appartînt, on est resté stupéfait. Personne n'avait travaillé à amener ce coup imprévu. L'opinion y portait, on sentait bien le mouvement de la pensée écarter les obstacles matériels, mais le but semblait encore vague et éloigné. On ne s'attendait nullement à cette transformation instantanée; aussi rien n'était prêt, ni hommes ni moyens. Les fautes, tant reprochées, du gouvernement provisoire furent des nécessités de circonstance, impossibles à éviter dans l'étourdissement, le vertige, l'inattendu des premières heures de cette ère improvisée par le patriotisme de quelques hommes courageux et loyaux. Ils trouvèrent la France abandonnée de ses chefs, ils prirent énergiquement l'immense responsabilité de la diriger et de la sauver: honneur à eux! Le tour de main habile, enlevant la France à l'anarchie, à la guerre civile, était donc bien mieux appréciée alors, puisque personne n'a protesté; on a accepté le fait sans conteste, mais ce fait constitue-t-il un droit? Dans la circonstance où il s'est produit, c'était un moyen: ce moyen a-t-il été légitimé depuis? Nous allons essayer de développer cette pensée:

L'autorité des membres du gouvernement provisoire ne trouva aucune opposition. Le pays, ému de la secousse profonde, non violente qu'il venait d'éprouver, accepta l'institution républicaine par patriotisme sans doute, pour ne pas prolonger le choc, ne pas renouveler la lutte. Toutes les sympathies s'imposèrent le silence devant l'intérêt commun, mais l'intérêt commun demandait précisément le contraire. On pouvait alors réclamer du gouvernement provisoire un appel à la nation. Chacun criait très-haut *vive la république!* pourquoi? il fallait se taire ou protester. On a donc nommé la Constituante, elle aussi répéta: *vive la république!* La Législative salua la république du même vivat.

Posons deux questions fort délicates:

1° Le gouvernement provisoire a-t-il cédé, en instituant la république, au vœu national ou à des opinions isolées? a-t-il énergiquement et résolument posé, reconnu, le droit du suffrage universel ?

Répondons d'abord à cette première demande. Nous osons dire : le gouvernement provisoire a seulement doté la France du droit de suffrage universel. Il n'a pas subordonné la forme républicaine à la volonté nationale, il la lui a imposée. Il appartenait à M. de Lamartine, dont le nom ralliait tous les partis, était le symbole de toutes les espérances, de proclamer le suffrage universel, non à titre de conséquence libérale du gouvernement établi par les chefs provisoires, mais comme pierre de touche de l'opinion, comme épreuve de la volonté nationale.

Il résulte de ce vice de la fondation républicaine, que Février est encore une loi de hasard, un gouvernement d'*occasion*, comme tous nos gouvernements, depuis 91. Il lui manque la base inébranlable de la sanction universelle ou du moins de la majorité, il n'a eu d'autre consécration que la nécessité, et ce n'est pas assez pour vivre et lutter. La république de Février a été seulement audacieuse dans son principe, elle devait être victorieuse dans ce principe même, ou céder devant la royauté du suffrage universel. L'existence de la France est encore factice.

2° L'assemblée constituante a-t-elle exprimé réellement l'opinion publique qu'elle représentait ? devait-elle accepter la république, lui donner la force vitale d'une constitution, ou en appeler à la souveraineté du peuple sur le genre d'institutions qu'il voulait reconnaître ?

L'assemblée constituante, en majorité, en proclamant la république, l'a subie ; en décrétant la constitution républicaine, elle subissait encore la loi de Février ; la preuve en est dans les grandes erreurs de forme républicaine que renferme cette constitution. L'assemblée législative, elle aussi, a subi le vivat républicain. La constitution a été votée à contre-opinion : c'est la continuation de l'éternel système de pousser le temps avec l'épaule, qui n'est digne ni d'une grande assemblée ni surtout digne d'un grand peuple, et ne peut conduire bien loin.

Ce mauvais vouloir constitue-t-il une haine contre l'institution républicaine? Nous ne le pensons pas tout-à-fait; c'est simplement l'antipathie qui s'attache aux obligations toute faites, inévitables. Si Février n'est pas le gouvernement de choix de la majorité, il en est au moins la raison devant la fougue des partis; car les deux assemblées, rendons-leur cette justice, quoique peu homogènes quant aux idées de formes et d'institutions, ont été ralliées, unanimes, devant l'intérêt général.

Mais Février peut être la dernière de ces luttes armées, de ces révolutions intestines qui, depuis tant d'années, conduisent la France à sa ruine; ces quatre mois du gouvernement provisoire peuvent rester célèbres entre les pages les plus magnifiques des annales de l'histoire : le gouvernement provisoire a doté le pays du *suffrage universel!*

Depuis 1830, M. de Genoude réclamait le suffrage universel comme expression de la volonté nationale; Châteaubriand, lui-même, l'appelait comme décision souveraine, comptait sur lui seul dans l'avenir pour sauver la France de ces régimes de hasard, dont elle est la proie depuis si long-temps, et voici ce qu'il disait le 31 octobre 1831 : « Le peuple n'a point été consulté; tout en lui disant qu'il est souverain, on lui a imposé un gouvernement; mais le peuple n'a pas fait l'*abandon de son droit*, il a reconnu *le fait*, remettant l'usage du droit à l'époque où il lui serait loisible de délibérer sans perturbation sociale. »

En Février, il eût fallu subordonner la république au consentement national; remettre au peuple, non-seulement sa puissance, mais sa liberté d'action, de sympathie; le laisser maître de sa volonté; et le peuple se fût donné, pour contrepoids aux factions, une institution, républicaine ou monarchique, à laquelle se serait ralliée la minorité vaincue, le peuple eût de suite posé une digue à toutes ces ambitions multiplés et aventureuses, élevé une barrière infranchissable entre lui et les révolutions.

Qu'est-il résulté de cette obligation républicaine? des luttes sanglantes, une opposition mesquine, implacable ; un déplacement d'hommes et de volontés vraiment ironique, mais dangereux. A part M. de Lamartine, où sont les membres du gouvernement provisoire? à part M. Guizot, loin encore cependant d'avoir repris son équilibre, où sont les anciens amis de Louis-Philippe? excepté Henri V, où sont les légitimistes? Qu'est devenue l'opposition du dernier règne? quels sont les soutiens de M. Louis-Napoléon? Une nation ainsi mélangée, ainsi composée dans ses rouages gouvernementaux ; une nation adorant et calomniant, encensant et exilant presque dans la même heure ; une nation, ainsi vacillante de sympathies et d'animosités, est nécessairement en dehors des lois ordinaires d'existence d'un peuple. Depuis soixante ans, avons-nous dit, la France, engagée dans une série de révolutions, est devenu le jouet des uns, la proie des autres, la victime de tous, et, quoiqu'on ait beaucoup parlé de sa liberté, elle a été l'esclave du premier caprice d'ambition un peu hardie, d'une faction, d'un individu ou d'une adresse. Les vérités nationales se font jour lentement: le suffrage universel est une vérité fondamentale, un droit inhérent à tout état libre; depuis soixante ans, il voulait sortir victorieux des luttes, depuis soixante ans on l'y retenait; car il est *la véritable liberté*, la véritable force, et ni les factions, ni les *régimes de hasard* ou d'illusion ne veulent de la liberté et de la vérité.

En Février, nous l'avons conquise cette liberté; nous la possédons cette force, cette puissante vérité; saurons-nous l'employer, en devenir plus grands, plus heureux et plus calmes?

On a vivement critiqué le caractère français : on l'a accusé de versatilité, d'inconséquence; pour les choses de goût, cela est vrai, mais cela n'est plus dans les actes sérieux. Il possède alors une énergie, une persévérance, une puissance de volonté, que nous trouvons rarement chez les peuples de l'antiquité, plus rarement encore chez les peuples contemporains; cette énergie, il l'emploie, depuis plus d'un demi-siècle, à se sauver de l'anarchie par l'ordre, du despotisme par la liberté, de la bassesse par la grandeur ; c'est à cette grandeur nationale, à cette vigueur patriotique, qui sont restées le partage et la gloire de la France, à travers les phases politiques mouvantes qu'elle a eues à traverser, ce sont ces deux vertus civiques qui doivent la replacer dans un état d'équilibre aussi parfait que possible, dans une voie d'existence réelle par le suffrage universel.

DE LA PRÉSIDENCE.

—☙☙—

> La souveraineté réside dans l'universalité des citoyens français, elle est inaliénable et imprescriptible ; aucun individu ni aucune fraction du peuple ne peut s'en attribuer l'exercice. *(Art. 1ᵉʳ de la Constitution.)*

Si en Février la volonté nationale eût été laissée au pays et que la majorité se fût proclamée pour la forme républicaine, nous croyons que la constitution de mai n'eût pas consacré le vice fondamental de la mission présidentielle. La France, instituant de par elle-même la république, l'eût dégagée de ces réminiscences de sympathie pour la forme monarchique, dont les regrets de quelques-uns l'ont si légèrement entourée ; elle eût créé : ou la *république pure*, c'est à dire deux pouvoirs, l'un, *législatif*, nommé par le suffrage universel, l'autre, *actif* ou *exécutif*, pris dans le sein du *législatif*, nommé par lui, pour une plus grande facilité et promptitude de délégation ou de retrait des *pouvoirs* confiés, selon les circonstances ; des fonctions ministérielles elle eût fait de simples charges administratives, sans action sur les affaires de l'État, sans initiative aucune, même dans leur département, en exceptant toutefois les affaires qui relèvent d'un intérêt spécial au ministère; ou, le suffrage universel se prononçant pour la forme *monarchique*, la constitution élaborée dans cette pensée nationale, eût consacré l'hérédité des pouvoirs, de mâle en mâle, dans une famille choisie, légitimant ainsi le droit de transmission.

Dans les deux cas, il y eût eu calme et stabilité dans la base de la constitution, et la stabilité et le calme dans les œuvres politiques sont leur seul principe de durée.

Le système électif a perdu la Pologne, il nous effraie pour la France; à part la différence dénominative, c'est le même vice avec les mêmes inconvénients.

L'élection d'un chef ouvre une lutte permanente à toutes les ambitions, à toutes les prétentions; sous prétexte de l'indépendance nationale, qui peut se donner à son gré tel ou tel maître ou chef, le pays deviendra la proie du plus audacieux, du plus habile, du plus ambitieux, rarement du plus digne : le vrai mérite s'effraie des grandes responsabilités.

Ne serait-il pas plus libéral, plus juste et plus digne, si la majorité est monarchique, de se prononcer ouvertement? la minorité s'inclinerait devant l'appréciation exacte de l'opinion publique. L'arrière-pensée qui a institué la présidence a été la conservation d'un principe unitaire; la fonction présidentielle n'a d'anti-monarchique que le nom avec la dignité d'action de moins. C'est une dissimulation déloyale, si la république est reconnue et acceptée; si, au contraire, la république n'est pas le gouvernement de choix de la majorité, pourquoi ne pas s'adresser à la souveraineté nationale qui trancherait pacifiquement la question et rendrait par sa réponse toute opposition dérisoire et impossible même? Une monarchie héréditaire dérivant également du suffrage universel, peut garantir comme une république les libertés acquises. Dans une monarchie ainsi sanctionnée, il s'établit une solidarité d'existence et de protection réciproque du votant, quelqu'humble qu'il soit, au chef investi de la délégation suprême, transmissible à ses descendants par le consentement populaire.

Ces concessions diplomatiques aux circonstances, ces restrictions mentales, ce système de céder le moins possible, de défendre pied à pied le terrain, tout cela ne constitue ni courage de résistance, ni abnégation généreuse d'opinions particulières devant l'intérêt général.

La voie est mauvaise, quittez-la. Ou Février n'a que le défaut d'avoir eu trop tôt raison, et le suffrage universel le consacrera, ou il n'a été qu'une inspiration sublime, mais précipitée, la majorité en fera justice.

L'élection du président reste donc un droit constitutionnel; elle ouvre un vaste champ à toutes les hardiesses de ces petits géants d'orgueil, qui verraient avec joie la France s'engloutir sous ses propres ruines, pourvu que leur nom s'attachât à sa chute et retombât dans l'avenir! Est-ce que le magnifique temple de Diane, à Ephèse, cet ouvrage des siècles, ce trésor renfermant toutes les richesses artistiques de l'Asie, ne fut pas brûlé par un fou qui tenait absolument à léguer à la postérité ses quatre syllabes grecques ? Alexandre nous apparaît bien souvent, poussant son premier cri de nouveau-né à la lueur des flammes de l'incendie, allumé par Erostrate; le génie et la gloire du héros nous sont parvenus, à travers la fumée de l'orgueil imbécille.

Néron, mourant, s'écriait : « Quel artiste le monde va perdre! »

Comment ne pas admettre alors que chaque individu, ambitieux ou vain, se croira propre à présider aux destinées de la France? Le plus dangereux de ceci, c'est que chacun de ces ambitieux aura sa faction, son parti, le proclamant la gloire, l'honneur, le salut de la patrie; et, vaincu, le regardant illégalement privé du pouvoir. L'armée ne peut-elle aussi, dans des circonstances où son influence ne saurait être contestée, s'arroger le droit d'élire? Rome nous donne plusieurs exemples de cette usurpation : les légions exclurent souvent le reste de la nation de l'élection ; après la mort de Néron, elles élevèrent successivement et assassinèrent dans la même année Othon, Galba et Vitellus.

Le bon sens public fait vite justice des prétentions exagérées, mais ce n'en sont pas moins dans l'Etat des divisions, et l'expérience a prouvé que les *divisions*, plus encore que les *vices* d'une nation, sont une cause de ruine. Ces hostilités partielles nuisent au crédit public en produisant le trouble : cette dernière considération n'est point vaine dans un pays comme la France, où la plus grande partie des habitants existe par le commerce.

Le second inconvénient du mandat présidentiel, c'est son peu de durée et l'impossibilité d'une réélection. On ne naît pas homme d'Etat ; les affaires publiques demandent de l'expérience surtout, de la supériorité et de la popularité. Nous admettons difficilement que la nation choisisse pour président toujours un homme rompu aux affaires ; il est rare de se soutenir dans la vie publique active, dans une marche populaire ! si souvent on y fait fausse route ! L'expérience est cependant d'absolue nécessité ; sans elle, la supériorité sera de la bonne volonté inutile, souvent nuisible. Si la supériorité est le fruit du travail, aidé de l'intelligence naturelle, l'expérience est le produit du temps, de la réflexion, et le président a un mandat de quatre ans, sans possibilité de réélection ! La popularité donne une valeur immense aux actes d'un chef politique, un grand poids à ses ordres, c'est une condition d'influence morale absolument exigible ; croit-on, néanmoins, que l'élection du président sera toujours pour le mandataire une attestation de popularité ? Non. La présidence créant des ambitions ridicules ou effrayantes, l'homme choisi pour président sera, dans certains cas, simplement l'expression d'opposition d'un parti à un autre, et pas exactement l'expression du parti qui le nomme. On se réunira pour lutter plus vigoureusement, mais sans union sous le drapeau ; des soldats obéissant à la charge, quitte à se charger ensuite entre eux après l'ennemi le plus pressant vaincu. Pour un homme nouveau aux affaires et au pays, quelle expérience acquérir en quatre années, quelle supériorité développer, quelle popularité employer, surtout avec cette ombre de pouvoir laissée au président! Le pays sera toujours la victime de ces expériences à former, et de quatre ans en quatre ans, il recommencera sur de nouveaux frais.

La tête ne tournera-t-elle pas à ce chef amovible? parvenu là, l'envie ne peut-elle lui venir d'y rester? n'escamotera-t-il pas la République à son profit?

Tous les quatre ans la France jouera son existence nationale sur un coup de dé, à la probité ou à l'ambition d'un homme? Ne peut-elle être dupe? L'esprit remplace si souvent le cœur! l'éloquence n'a pas toujours sa source dans les sentiments exprimés; l'ambition est plus habile que hardie encore! Les masses ont d'admirables vertus, ces vertus mêmes serviront à les égarer. Trop généreuses pour douter de celui qui parlera au nom de l'honneur national, de la liberté et de l'humanité, elles sont trop grandes aussi pour supporter une mystification d'ambitieux : il faudra lutter peut-être, à coup sûr il faudra réélire.

Dans le système d'hérédité, ces inconvénients disparaissent en partie. Si le prince héritier n'a ni l'expérience, ni la supériorité naturelle ou acquise plus qu'un autre, tout cependant, dans son éducation, le forme, le dirige dans le but de la mission qu'il est destiné à remplir, tout lui donne l'habitude de commander, le familiarise avec sa haute position, lui en ôte le vertige : n'oublions pas que les rêves ambitieux ont conduit Napoléon à l'Empire, et la France à Waterloo.

La mission des représentants est précisément l'opposé de celle du président; autant l'une est superflue, offre d'inconvénients graves, autant l'autre est d'absolue nécessité, exige de fréquentes réélections, quelle que soit l'institution politique reconnue. La représentation nationale est l'épreuve des députés; ils sont, eux, l'expression de la force renouvelée du pays, le thermomètre de la pensée publique, des besoins sociaux. Chacun des représentants est une unité éloquente donnant en somme la mesure de l'opinion qu'ils expriment. C'est surtout, à un seul degré d'élection, la nation elle-même à l'assemblée. Le peu de durée de la fonction représentative rappelle aux députés le but de leur mandat, les tient sous l'impression plus directe de leurs commettants; le mouvement progressif social est plus réellement exprimé par les modifications apportées aux nominations; le peuple, rappelé plus souvent à ses droits, à sa grandeur, à sa puissance, acquiert la conscience des devoirs politiques qu'il est appelé à remplir.

DES SECTES COMMUNISTES.

> Haine vigoureuse de l'anarchie. — Tendre
> et profond amour du peuple.
> V. Hugo.

Au lieu de ridiculiser les sectes communistes, de sévir violemment contre elles, ou de se contenter de traiter d'utopiques ces combinaisons d'une société nouvelle, réédifiée sur des bases uniques et spéciales, qu'on nous permette de dire qu'il appartient à l'intelligence, à la réflexion et au devoir de l'homme d'état d'examiner les différentes causes de ces sectes.

D'amères douleurs ont enfanté ces folles espérances ; ceux qui ont élaboré ces systèmes ont été plus aventureux que coupables, plus entraînés par la bonté de leur cœur d'abord que par l'audace de leur imagination. L'extravagance des moyens doit trouver grace devant l'immensité des maux. Les grandes erreurs ont presque toujours des causes respectables, et le nom de ces novateurs doit rester sacré pour tout ami de l'humanité.

En examinant ces divers systèmes, on trouve que tous, quelque divergents qu'ils soient dans leurs moyens d'action, ils ont un même but : « l'amélioration sociale, » comme ils ont une source commune : « le mal social. »

Graduellement, sans épouvanter les uns, sans céder aux injonctions violentes des autres, il serait prudent peut-être de réaliser de ces systèmes ce qu'ils présentent de juste et d'humain, dans la mesure et la possibilité de la nature, cette loi divine; de la religion, cette loi de la conscience; et de la société, cette loi humaine.

Les associations, par exemple, cette puissance de protection multiple et individuelle, dont les généreux effets s'étendent sur les membres qui en font partie, sans les obliger à un concours dans l'œuvre que de leur libre consentement, doivent et peuvent être encouragées par le gouvernement. Les corporations des métiers, la franc-maçonnerie, les sociétés de tous genres ont eu, ou ont en vue les résultats bienfaisants de l'association.

Les sectes communistes, nées de l'excès de dénuement, d'isolement et d'abandon auquel sont soumis les membres pauvres de la société, ont voulu précisément étendre sur la nation entière une association des biens, des intelligences et des personnes.

Nous signalons le bienfait, nous signalons en même temps l'exagération. Sous prétexte de lier chacun au bien commun, les communistes mettraient tout le monde dans l'esclavage. Qu'aurait-on de liberté physique et intellectuelle dans cette immense caserne où tout associé serait obligé à une tâche imposée, dans un but d'utilité générale, sans doute, mais de répulsion personnelle souvent? Ce serait le despotisme organisé en milice sociale; une fois enrégimentés, il n'y aurait donc plus qu'à vivre de cette existence toute faite, toute préparée, toute matérielle, sans autre but ni mission en ce monde que d'y continuer l'œuvre d'organisation sociale, s'y perpétuer et mourir? On laisserait aux animaux une part plus active, au moins aussi large, puisqu'ils serviraient, non-seulement à perpétuer leur espèce et à engraisser le sol, mais encore, suivant leurs instincts, ils continueraient sans doute à travailler pour l'homme.

Que deviendrait l'admirable avidité d'améliorations qui pousse l'homme sans cesse à de nouvelles recherches, cette loi de sa nature, le Perfectionnement? Nous ne pensons pas que tout soit fait encore. Buffon se croyait certain d'avoir expliqué la nature des animaux, quand il n'avait donné que leurs *Portraits :* la zoologie est venue continuer son ouvrage.

Une réflexion peu consolante se présente à l'esprit dans ces observations : — le matérialisme de notre époque réagit sur tout; les intelligences emploient leurs facultés à adoucir, à perfectionner, à établir ce qui appartient à cette vie, comme si nous n'étions qu'un corps. On cherche à vivre le mieux possible dans ce monde sans se préoccuper de l'autre!

Ne nous y méprenons pas cependant : toutes ces illusions d'une société renouvelée de fond en comble comme un édifice usé par le temps ou chancelant dans son principe, toutes ces illusions sont sublimes dans leur impossibilité même, par la pensée profondément bienfaisante et philantropique qui leur a donné naissance. Nous les regardons comme l'expression d'un malaise social, profond, immense et injuste; la question d'*humanité* est la question *vive* de notre époque : elle en sera le salut ou la perte ; c'est un germe fécond ou mortel, selon qu'il sera développé ou étouffé. Il faut donc s'emparer de cette pensée d'*amélioration sociale,* si diversement, si ridiculeusement exprimée même, la réaliser dans les limites désignées plus haut. Différer dans les moyens d'exécution, cela se conçoit, mais ne nier ni le danger ni les précautions pour le prévenir.

Or, toute la logique de ces sectes est ceci, qui ne présente rien de très-épouvantable, ni d'impossible : « Rendre les masses conservatrices des institutions politiques, en les intéressant au maintien de ces mêmes institutions, qui, en retour, leur accorderont protection. »

Ce qui fait de la classe pauvre de la nation l'armée de la

révolte, le parti de toute faction habile, prenant un symbole de liberté et d'assistance, c'est l'insouciance de cette classe de la société pour les gouvernements établis. Par son existence précaire et misérable, le peuple est très-indifférent de sa vie et de l'ordre de choses politiques. L'espoir d'un adoucissement le tente, et volontiers il consent à se faire tuer afin d'en finir avec lui-même ou être mieux. Rien ne l'attache à l'ordre intérieur ; aucune institution ne se soucie de lui ; nulle ne le protége et toutes pèsent sur lui ; ses enfants forment l'armée ; le budget se compose des impôts de chacun. Aussi quelle facilité à détruire et à édifier ! quelle rapide succession d'hommes et de gouvernements depuis 91 ! Tous ont été une espérance réalisée par un souffle populaire qu'une nouvelle espérance a remplacée. L'armée de l'émeute est l'armée du besoin ; la misère est une triste conseillère. Une société renferme des germes puissants de désorganisation intérieure, qui conserve dans son sein le vol à l'état de profession, la prostitution à celui de nécessité : le crime passé à l'état de loi de conservation d'un grand nombre ! le suicide comme seul moyen honorable d'échapper aux angoisses de la faim !

En vain la charité se multiplie, en vain la religion console et parle d'un meilleur monde : la douleur renie la justice divine, le désespoir enfante le doute ; la religion et la charité n'atteignent pas tous les maux ; malgré leur zèle, elles sont insuffisantes : eles ne procurent qu'un adoucissement, et il faudrait un remède énergique, dont l'État prendrait l'initiative. La vigueur des moyens peut seule en ce moment sauver le pays des luttes sociales dans lesquelles il est engagé ; ces dangers, suivant l'interprétation réelle ou fausse qui en sera faite, ou perdront à jamais le pays, ou lui donneront une nouvelle force d'impulsion qui lui permettra de continuer, de longs siècles encore, sa glorieuse existence nationale, car le bien-être des masses peut être opéré et continué par le fait même des institutions politiques, sans que rien, dans les droits des classes favorisées, s'en trouve lésé. La protection du gouvernement, acquise aux faibles, établirait entre tous les membres de la société une certaine solidarité d'existence, ou lierait le peuple à l'ordre de choses, par son intérêt même, et cela sans déchéance de dignité, puisque l'humanité se trouve rehaussée également par le droit d'égalité civile et politique; cette foule inquiétante et factieuse deviendrait la force et la garantie de la sécurité publique : de la tourmente, on créerait le calme.

Comme nous l'avons dit en commençant, nous ne fesons pas de la politique de parti mais d'observation; des faits nous cherchons à tirer des inductions qui nous conduisent à la vérité et à la justice. Nous attirons donc l'attention sur la misère, parce que : c'est elle qui fournit l'armée de la sédition, et que de sédition en sédition nous marchons à la mort nationale; c'est elle qui corrompt et dénature presque toujours ce qu'il y a de saint et d'élevé dans l'homme, et le façonne en quelque sorte pour le mal; les tribunaux nous disent chaque jour qu'elle est le chemin du bagne, mais c'est un enseignement perdu; parce que, enfin, le parti de la misère est celui qui, rallié en juin, fournit cent mille bras! qu'il fallut trois jours d'une guerre fratricide pour vaincre ce désespoir armé; que cet horrible spectacle de la faim égarée, réclamant son droit d'existence, voulant dompter la société ou se laisser exterminer par elle, ne peut être oublié et ne doit pas l'être.

Or, de ce sang, dont trois jours le sol de la France s'est imbibé; de ce sang, dont chaque goutte tombait d'une veine française; de ce sang, sanctifié et pardonné de Dieu et des hommes, au nom de l'Archevêque-martyr, ne doit-il rien germer? N'en sortira-t-il pas une idée féconde et bienfaitrice, dont l'exécution serait l'œuvre d'un gouvernement constitué, stable, et puisant sa force dans l'opinion publique, dont il aurait reçu la sanction?

Nous revenons donc à la pensée première de ce chapitre : la moquerie est impuissante pour combattre et détruire l'influence des idées communistes, ces idées sont l'expression des misères extrêmes d'une partie de la nation; elles ne doivent pas être bravées ironiquement : il faut respecter les douleurs quelle qu'en soit l'expression, ridicule ou terrible; ne pas jeter l'insulte là où l'on devrait jeter l'espoir; ne pas rire de ce qui peut briser. Rien n'exaspère comme l'injustice et le parti pris. Or ç'a été une faiblesse commune à tous les temps de s'imaginer détruire une idée et terrasser un adversaire par quelque phrase mordante et spirituelle; n'a-t-on pas cru autrefois que Rousseau ne résisterait pas à ces jolies paroles : « Bah! il a tous les vices du langage de la roture, les exclamations et les interrogations! » Et la puissance des exclamations et des interrogations du philosophe genevois faisait vaciller les vieilles institutions sur leurs bases séculaires; ses interrogations sondaient l'inégalité des conditions civiles et politiques et des charges publiques; ses exclamations témoignaient de sa révolte des exactions d'alors, et ces interrogations et ces exclamations devaient remuer le monde! Car la première révolution a surgi plutôt des droits contestés ou établis par la pensée de Rousseau que des impiétés de Voltaire. Rousseau était le génie, l'éloquence, l'audace, la vérité et la justice des idées nouvelles d'alors; Voltaire était le sarcasme et la destruction des idées reçues : l'un édifiait tout en voulant modifier et renverser, l'autre détruisait pour détruire; l'un divulguait les vices du présent afin d'en prémunir l'avenir, l'autre ruinait gaiement le présent sans se préoccuper de ce que l'avenir ferait de ces débris amoncelés avec tant d'esprit et d'ironie.

Rousseau croyait en Dieu, à la vénération et à la puissance des lois, il avait foi aux peuples.

Voltaire riait de tout, de Dieu surtout, des lois, et il méprisait les peuples.

La moquerie est déplacée de tout temps devant les choses graves, elle est plus hors de propos maintenant que jamais; l'indifférence sur ces matières ou leur répression trop sévère sont également un danger. La France est placée entre l'anarchie ou le despotisme des factions, ou le démembrement, selon les opinions des diverses parties du pays ; peut-être est-elle sur la pente rapide de l'abîme qui doit l'engloutir !

Il est un moyen de salut encore : c'est l'appui que le gouvernement trouverait dans le peuple en le protégeant, en soulageant ses maux; dans le peuple seulement est la force d'existence intérieure du pays, et il ne serait pas impossible de réaliser ce devoir, dont les circonstances font une nécessité absolue, envers les classes pauvres, sans nuire aux classes possédantes : car le bonheur de chacun, dans des conditions relatives, fait la sécurité de tous.

CONCLUSION.

> Une assemblée proposant directement une révision au peuple souverain, qui pourrait s'en plaindre, puisque le peuple entier serait appelé à prononcer dans les comices du suffrage universel ?
> (M. Dupin, *Commentaires sur la Constitution de 1848*, tome II, p. 101.)

Nous avons cherché, en commençant, par un rapide regard jeté sur les siècles monarchiques de la France, à prouver que le travail moral et physique de ces siècles nous avait légué l'ère actuelle de liberté, d'affranchissement et d'égalité dont nous jouissons ; qu'une secousse violente, produite par l'inexpérience et la fougue d'une nation qui conquiert subitement ses droits politiques et même civils, avait, en 91, ouvert une série de révolutions, dont Février peut être le dernier épisode ; que la France, jetée, par l'anarchie des premiers temps, en dehors de sa voie naturelle, en dehors des lois ordinaires d'existence d'un peuple, c'est-à-dire sans gouvernement issu du vœu national, légitimé par l'acceptation et la volonté universelle, la France cherchait laborieusement son salut à travers les ruines du passé, les factions du présent, les espérances réelles et sérieuses que réalisera l'avenir, et les rêves qu'il engloutira.

Rappelant Février, nous avons douté qu'il fût l'expression de la volonté et de la pensée publique, non par antipathie républicaine peut-être, mais le pays, n'ayant pas émis son opinion sur la forme de gouvernement de son choix, la république n'a point rallié tous les partis par l'incontestabilité de son droit d'établissement. Nous avons émis le regret que le gouvernement provisoire, dotant le pays du suffrage universel, ne lui en eût pas conféré le libre exercice ; n'eût pas étayé du principe puissant du vœu de la majorité, sinon de l'universalité des citoyens, la forme monarchique ou républicaine. L'institution politique, ainsi créée, eût été pure et franche, dégagée de ces sympathies et de ces antipathies qui se sont attachées à l'institution *imposée*, pour la combattre, l'amoindrir, protester contre cette nouvelle *obligation*.

Nous honorons trop les hommes politiques qui ne sont pas républicains pour les accuser de parti-pris, mais nous observons ces malveillances, ces obstacles élevés autour du régime actuel, et nous disons que ce sont des indices de regret du passé, de craintes de l'avenir ; que la vaine unité de la présidence, posant une ombre au-dessus et au-dessous du pouvoir législatif, a été une concession illusoire sans doute, mais une concession cependant aux terreurs des uns, à l'opinion monarchique d'un grand nombre.

En politique, *innover* c'est *édifier* et *renverser*, renverser *ce qui est* pour y substituer *ce qui sera*. Beaucoup s'épouvantent légitimement peut-être, non des modifications apportées à l'ordre établi, mais de ces renversements instantanés et complets, de ces établissements au doigt et à l'œil, comme un changement à vue d'Opéra, et les plus zélés apôtres de la stabilité sont précisément les démocrates purs et les légitimistes sincères ; les uns et les autres veulent faire du peuple la base de l'édifice : ils n'en font le marchepied de personne, ni d'un roi absolu, ni d'un dictateur, comme on veut bien le dire, mais le piédestal de l'ordre, de la grandeur et de la vigueur nationales.

Comme la liberté ou égalité civile est le droit de faire tout ce que permet la loi, laquelle ne permet rien qui ne soit utile à l'intérêt commun, nous trouvons logique et naturel que la liberté ou égalité politique soit le droit de faire tout ce que permet le suffrage universel ou loi politique dans l'intérêt commun ; or, l'intérêt commun demande que la nation ne demeure pas davantage dans cette voie dangereuse où elle est placée en ce moment, entre la haine des uns et le mauvais vouloir des autres.

La France a conquis le droit d'émettre pacifiquement ses volontés ; il est temps, par un exercice libre de ce droit, de sortir de ces régimes émanés des révolutions, de ces conquêtes des libertés du haut des barricades, de ces proclamations des droits nationaux de par celui d'insurrection. Ainsi flottante, des mains de l'un aux mains de l'autre, subissant successivement l'influence du plus habile patriotisme ou de la plus adroite ambition, la France peut périr ou perdre d'une seule fois toutes ses victoires politiques, selon le caprice du hasard ou le rêve de l'ambition. Rien ne doit résulter de l'émeute, ni régimes, ni bienfaits : tout peut dériver péremptoirement du suffrage universel. Le choix national n'est pas fait ; il n'a que deux issues : la monarchie ou la république ; le pays s'étant prononcé, le parti vaincu ne prolongerait pas la lutte. La sanction nationale, donnée à l'une de ces deux institutions, la ferait triomphante à jamais.

La grande erreur des gouvernements établis depuis 91, leur principale cause de faiblesse et de peu de durée, a été de vouloir vivre par eux-mêmes, sans prendre leur point d'appui à l'opinion publique ; sans l'opinion publique, cependant, aucun établissement ne résiste à la plus légère secousse populaire ; c'est pour l'avoir méconnue ou dédaignée, que Napoléon, ce colosse de la gloire armée, est venu se briser à l'écueil de Sainte-Hélène : un rocher entre les deux immensités, l'océan et les cieux !

Les Bourbons avaient froissé le légitime orgueil national

par l'invasion étrangère, l'opinion publique leur fit défaut, et ils tombèrent en 1830.

Louis-Philippe, abandonné peu à peu par l'opinion publique, languit quelques années, essayant de la vieille routine politique, la subtilité. Vint Février, et le vieux roi céda, sans lutte, détrôné par l'opinion publique.

Non, ni l'habileté, ni la ruse, ni l'éloquence, ne suffisent à un peuple *fait;* il y a dans l'existence du corps social une époque d'entier développement, comme il y a la maturité pour le corps humain. En conviant la nation, sans exception, au droit politique, en donnant la force de l'union à chacune de ces voix isolées, en reconnaissant aux votes une expression décisive et sacrée, on a bien admis qu'il n'y avait plus d'autre voie que la vérité, d'autre drapeau que le patriotisme, d'autre force que la loi exprimée par le suffrage commun. On s'est bien pénétré de cette idée, qu'il s'agit de répondre aux volontés et aux élans de cette grande âme nationale, qui vibre dans la poitrine de trente-six millions d'hommes, et l'on s'est dit sans doute que la finesse du diplomate, la parole de l'avocat et l'éloquence du rhéteur sont mesquines et insuffisantes.

La lumière dans les droits, la fraternité dans les actes, — la vérité et l'humanité, — telle est la sublime devise que doit prendre la France !

Les communistes se rallient les classes pauvres, ils se les attachent par l'espérance; la société favorisée doit se rallier la société souffrante, non par l'espoir, mais par la réalité efficace de la protection. La partie heureuse de la nation doit veiller elle-même à éclairer l'esprit, à adoucir les privations de la partie malheureuse. La misère éteint forcément la volonté; pourquoi donner un droit de liberté, de volonté aux classes souffrantes puisqu'elles n'ont pas le libre exercice de ce droit? Qu'en résultera-t-il ? un motif de haine pour l'oppression, et l'ignorance rend la haine brutale et la vengeance active. Éclairer le peuple, sans le soulager d'abord, serait un danger bien plus grand encore, car la supériorité de l'intelligence, obligée d'étouffer sous la nécessité ses propres impressions, en concevrait un ressentiment violent contre la société qui la contraint.

Un droit, s'il implique des devoirs, implique aussi des résultats ; du droit du suffrage universel sortiront deux sortes de votes qu'on pourrait interpréter ainsi : les votes de garantie et les votes de désir, l'amélioration et la conservation. La nation se trouvera partagée en deux camps : ceux qui jouissent et ceux qui espèrent. Un choc immense peut avoir lieu ; ces deux volontés en présence se briseront peut-être réciproquement ! Il faut, les uns et les autres, se rallier d'abord, dans un vote d'établissement politique, expression véritable de la volonté nationale, créant au pays une force d'existence intérieure, puissante et inattaquable, qui, aux mains d'hommes dévoués, incorruptibles, sous l'inspiration de nobles cœurs, et l'action de caractère d'une trempe énergique, réponde aux inquiétudes des uns, aux besoins impérieux des autres ; puis, faire ressortir évidemment, de nos libertés et de nos devoirs, de grandes et généreuses actions. Prouver enfin au monde entier que la France est à la hauteur de ses sublimes destinées, par l'intelligence, par le patriotisme et par le cœur !

Elisa CHEVALIER.

www.ingramcontent.com/pod-product-compliance
Lightning Source LLC
Chambersburg PA
CBHW060703050426
42451CB00010B/1250